라그랑주 포인트

라그랑주 포인트

서연우 시집

시인의 말

다음은 없다
그러니 만나야겠다

나, 이면서
나 아닌
나는 어디에 있었는지

바람이 지나간다
가끔 서로 이어져 가까이
때로 끝없이 멀어지는,

차 례

● 시인의 말

제1부

하늘은 도대체 몇 개의 물뿌리개를
가지고 있는 것인가 ─── 12
카메라 연대기 ─── 14
보이드 스페이스 ─── 16
디지털 네이티브 ─── 18
작약 ─── 20
달아공원 ─── 22
엘리베이터 ─── 24
격랑 ─── 26
개미 ─── 28
어쨌든, 위로 ─── 30
악마가 필요해 ─── 32
감기 ─── 34

제2부

슬픔증 ──── 36
벚꽃 블루투스 ──── 38
세잔의 사과 ──── 40
카페 그리다 ──── 42
안티고네 콤플렉스 ──── 44
아다지오 ──── 46
봄 알레르기 ──── 48
포트레이트 ──── 50
그 다음 날 ──── 52
태양의 저쪽 ──── 54
김광석 거리 ──── 56
죽음과 소녀 ──── 58
타임머신을 타고 한 바퀴 ──── 60

제3부

마음이 푸른 모든 이의 달 ─── 64
플라나리아 ─── 66
청개구리 ─── 68
블랙박스 ─── 70
아메리카노와 카페라테와 아포가토의 건배 ─── 72
버스정류장 ─── 74
창조의 기둥 ─── 76
입장들 ─── 78
진도 4.0 ─── 80
라그랑주 포인트 ─── 82
뻥튀기 ─── 84
뚱딴지꽃 ─── 86

제4부

프라이드치킨 ——— 90
초설마삭 ——— 92
청혼 ——— 94
부전나비의 봄 바로 가기 ——— 96
미루나무 ——— 98
봄의 블루투스 ——— 100
당신이 죽었다 ——— 102
목포 ——— 104
아직 도착하지 않은 지점 ——— 106
그림자 ——— 108
너무 뜨거워서 ——— 110
아름다운 힘 ——— 112

▨ 서연우의 시세계 | 고봉준 ——— 115

제1부

하늘은 도대체 몇 개의 물뿌리개를 가지고 있는 것인가

여름은 재즈오케스트라 구름의 정기공연으로 시작되었다

재즈오케스트라 구름의 지휘자는 바람이다
나무는 죽음을 보는 고양이*의 울음을 가진 바이올린
비는 팀파니스트
닫힌 창문을 총 쏘듯 두드리며
피터와 늑대**의 사냥꾼 흉내를 내고 있다

총소리에 놀란 아래층 된장 끓는 냄새
하안거 중인 물먹는 하마 입속으로 숨어든다
월영공원 벤치를 분양받은 추리닝 아저씨
상가 계단 밑에서 비를 관중으로 디디알 재즈댄스 춘다

바람의 지휘자 팀파니스트
새까맣게 탄 누룽지 같은 아스팔트를 깨트리고
벽을 뚫는다
무시무시한 물의 그늘 흐른 소리
닿을 수 없는 지옥의 음역 그림자 되어 다가온다

뜨거움을 잃은 여름은 수장되고, 아가미 없는 나는 기형 어류처럼 땅으로부터 유배되었다

악보 없는 공연에 앙코르를 보내야 하는가

땅의 숨소리, 매미밴드의 미니콘서트가 그리운 밤

* 변승욱 감독의 영화 〈고양이: 죽음을 보는 두 개의 눈〉.
** 세르게이 프로코피예프의 클래식 음악 동화.

카메라 연대기

철학자 소크라테스도 모른다
제작자만이 안다 상호신뢰가 불가능하다
드라마 인간의 조연으로 무방비 출연 중이다
나는 유리곽 안에 사는 인형이다

어둠에 드러나지 않고
빛에 접촉하지 않고
어디든 발소리 하나 내지 않고 달려갈 수 있지만
조명 OP도 없는 위험에 미행당하는
주연배우는 사절이다

CCTV의 유리가 깨져도
블랙박스 유리가 버티고 있고
유리곽 쪽에서 보면 나는 보호의 대상이지만
잠들 때마다 깨어나지 않게 해 달라 기도하는
나는 어쩌면 수배 중이다

이번 드라마는 내내 불안하다

카메라는 24시간 돌아가는데
내 몸의 장기들마저 보여줘야 하는데
때론 시청자가 한 명도 없거나 한 명뿐이어서
영원히 별이 될 수 없는 배역

내가 이 배역을 맡게 된 건
예쁜 아기를 갖고 싶었던
그때의 눈빛이 기억나지 않는 어린 외숙모 때문이다
진열장 유리곽 안에 있는 인형을 꺼내고
세 살배기 나를 넣어 구경했던 탁월한 안목

구경과 갇힘의 시간 걸어 나와
허공의 시간 아래 앉았다
내가 참기 어려운 것은 참지 못할 것은 없다는 것

나의 드라마 출연 유통기한은 또 하루 줄고
비밀들은 위독하여 곧 천연기념물이 될 것이다

보이드 스페이스*

여보세요, 여기 아무도 없어요?

북쪽을 지키는 거북과
남쪽을 지키는 해태와
화마를 쫓는 드므와
지나가면 늙지 않는다는 불로문이 있다
넘볼 수 없는 담이다
하지만 백 년이 넘도록 창덕궁은 빈집이다
나는 삼천 원으로 열리는 돈화문을 나왔다

기하학적 입방체들이 상호 결합한
잿빛 전벽돌과 연리지 된 담쟁이덩굴이 나를 유혹한다
노란 철문을 노크하고 있는 플라타너스를 밀쳤다
은행잎이 새치기하는 내 발등을 문다
철조망 베레모를 쓴 고려 시대 삼층석탑 오래 운 흔적을 본다
　지금 공간 스페이스**도 빈집이다

몸이 무거워진 비둘기에게서 평화가 사라졌다

우뚝 솟은 집 집 집
관심 없는 사람 사람 사람
그 사이 사이 사이에
바람이 모래 휴이대첩전 전술을 펼친다
벗어나지 못하는 경계를 가진
나도 빈집,
심판 없는 지구도 곧 빈집이 될 것이다

신음하던 담쟁이 잎이 떨어진다
살아 있는 것들이 사라지고 있다

* 無의 공간, 우주에서 아무것도 존재하지 않는 지름 10억 광년의 공간.
** 김수근이 설계한 우리나라 현대건축의 대표적 작품.

디지털 네이티브

달라붙는 물방울과
흘러내리는 물방울
그 뒷면에 짙은 안개로 덮싸인 팬터마임의 세계가 있다

아파트 처마 밑에서
뱅갈이 잠시 빌려준 평화로움으로 웅크린
발버둥치는 사랑에 눈 뺏긴 나는
잊어버리는 법을 잊은 채 태어난 노란 수선화

개나리 꽃잎에 떨어지는 기다림을 골목으로 배달하는
빗방울을 헤아린다

와이파이 구름이 지구를 둘러싼 날
허탕 치던 까치는 핫 스팟을 뚫고 날아갔다
흔들리는 플라타너스 가지에 걸린 약속

엄마 우산과 아이의 우산 끝에서
물방울은 따로따로 탈출을 꿈꾼다

이제 우리의 소통은 골목이 아니다

행복에도 불행에도 자유로운 세상,
사랑은 밥 대신 매일 고르곤졸라 피자를 먹는다

시간은 한 개의 초록이 새싹을 트이게 하고

처음 흔들린 곳에서 희망의 노랑별을 바라보던 나는
이제 나를 기다린다. 사랑이라곤 알지 못하는
아직 눈물을 옹호하는 닫히지 않는 초록 신호등 눈을 가진
아직 젊은 나,

  몽상하는 텔레파시가 불어 터진 맨발 위 빗방울과 빗방
울 사이로 뚝뚝 떨어진다

작약

목덜미에 작약 문신을 새겼다
불안한 마음은 손톱 끝이 모이는
간지러움의 힘 앞에 투신하고
몸이 신뢰의 가면을 벗으려 한다

시간은 자신에게 유리한 시간만을 기다린다
아침 점심 저녁 복용한 것도 아닌데
나 너 우리 과소비한 것도 아닌데
시간은 훌쩍 건너뛴다

내면의 고통을 달래주기 위해 외면을 고쳐주려 한다

실시간으로, 시간이 나를 먹어치우고 있다
잠시 머뭇거리다가는
기억과 집중력을 씹어 먹는다
내 혈색과 머리카락 색을 빨아 먹는다
진작부터
나를 사라지게 하라는 명령 떨어진 것이 분명하다

붙잡아 세워 시비라도 걸어볼까

시간 위에 시간이 앉아 있다
당분간 움직이지 않기로 했다
시간의 틈을 비집고
알러지의 온기가 시공간을 빠져나간다

살아 있는 이유는 아직 죽지 않았다는 것밖에 없다
내가 시간에서 내리기 전에
나는, 당신의 모르는 사람이 되고 싶다

달아공원

사람들이 침묵으로 도는 나를 두고 빌었다
모든 비밀 내 품에 던져 넣고 눌렀다
나는 내 안 깊은 곳으로 자꾸 숨어들었다
잠에서 깨어 아침이구나 하고 생각하면 밤이었고
그냥 지나가지도 중단하지도 않았다
속으로 끓고 가라앉으며 다른 사람이 되어갔다
웃는 내가 아무도 듣이지 않는 곳에
둥근 흉터의 시간 진행 중이었다

태양 온도가 반 눈금 올라간 기분이었다
문밖에는 절구들이 시커멓게 타 드러누웠다
콰가얼룩말의 후예
나는 더 살고 싶지 않아요
아무것도 소화가 안 돼
당신을 으스러지게 끌어안아도 채울 수 없었다
내 눈, 내 입, 내 귀까지
토네이도의 단면이 되어갔다

오늘도 출처를 알 수 없는 나는
나를 설명할 말을 찾아
사각지대, 빛의 이미지를 업고 돈다
계수나무와 겹쳐 놓은 나를 바라본다
입이 달라붙어 버린 가죽, 때울 수 없는 시공
별똥별이 떨어지면
나도 소원 비는 것 잊지 않을 테야
몸 밖으로 뛰쳐나와 몸을 뒤집는,

엘리베이터

22층 할머니가 비린내와 함께
서서 잠든 이른 새벽을 들추고

안녕하세요

6층 단발머리가 웃음을 메고

오랜만이네

나는
스물넷의 성장판 중 하나를 누르면
가볍게 자동 레벨링 한다
그러므로 삼키고 뱉는 건 내 마음이 아니다
그건 내부자의 일

나는 가끔 혼자서 허기질 때
쭈그려 앉아 내부자의 흔적을 느낀다
회피하는 어색한 순간과

감옥에 갇힌 듯 공허와 공포를 견디는

사실 나는 감옥이다
오르락내리락 살다 어느 순간 딱 멈춰버리는
그래 어쩌면 제법 잘 갖춘 무덤일지도 모른다

먹고 뱉으면서도 머리카락 한 올 건드리지 않는
열리지 않을까 두려운,

격랑

달아나고 싶다 달아나야 한다

만새기 한 마리 이리저리
철석이고 파닥이며 따라온다
뒤따라오며 족친다

무리에서 벗어나면 죽는다 무리를 지어도 죽는다 멈추면
죽는다

흘러내리는 수평선을 쥐고
하늘을 본다

파리행 비행기처럼 비상한다

이런, 군함새가 시꺼먼 미소를 던진다
바람에 씻은 아가미에 소금바다가 뻐끔거린다

오늘의 운세는 종일 도망

꾸룩 꾸루룩 채우면 비는 위장에 격랑이 일고

죄가 없어도 죽어라 쫓기는 나, 날치

날개가 찢어지더라도 살아남아야 하는
그러고도 살 수 있는
사는, 그 목숨 치명이다

개미

어떤 조짐이 있었다
들리는 종소리가 있었다

우리에게는 고도의 교류 시스템과 훌륭한 리더가
존재한다, 당신을 능가하는
자연에 대한 정보분석과 처리능력을 갖췄다
어느 지점에서 시작해서 어느 지점에서 끝나는지
견지의 더듬이, 입을 맞추고 신호를 보낸다

먹이를 찾는 일은 늘 위험하다
언제 밟힐지, 그때 우리는
물거나 찌르거나 화학물질을 쏘거나 뿌려대며
우리를 위해, 공격하거나 방어한다
우리는 먹잇감으로 흔적을 남긴다
그 흔적을 따라가며
먹이를 들고 집으로 돌아올 때
무거운 냄새를 질질 흘리다
먹이가 없어지면 우리는 우리의 냄새를 수거한다

그리고 새 길을 찾는다

우리는 우리의 냄새로 동족과 같은 군체 동료를 알아본다
군체와 떨어지면
군체의 냄새를 잃는다
그러므로 우리는
냄새 없이 스며드는 우리를 공격한다

우리가 우리 생의 비릿한 냄새로
땅이 꺼져라 풀죽은 고개를 아래로 더 아래로 꺾을 때
고개만 꺾이는 것이 아니다
가깝고 존귀한
우리를 둘러싼 모든 이미지도 동시에 고개 꺾인다

이제 또 갈 때가 되었다
우리는 언제나 우리의 냄새와 나란히
가야 할 길 위에 선다 끝이 보이지 않는,

어쨌든, 위로

우연을 가장해 나의 창을 기웃거린다

작은 욕망으로 나의 온몸을 두드린다

나를 흔드는 비정한 두려움에 한 발자국도 움직일 수 없다

너와 살이 닿지 않는 공존의 방음벽을 세운다

내 안의 나를 숙성한다

초대하지 않는 비린 나의 살 속으로
식탐이 유난히도 왕성한 네가 사방에서 몰려든다
각양각색의 너로부터 도망친다
어깨를 살짝 두드려주기만 해도 눈물을 쏟을 것 같다
터져 나오는 비명을 야만적 침묵으로 꽁꽁 싸맨다
커피를 처음 마셔본 그때처럼 심장이 뛴다

나는 헤어나올 수 없는 비근한 중독성에

오늘도 왼손에 든 휴대폰을 오른손으로 찾아다닌다

어제 아침이기도 하고 일주일 전 아침이기도 한 오늘 아침이
가장 느리게 공전하는 토성의 하루 같다

햇살이 살짝 들어선다
사각형의 날카로운 프레임
불가피한, 너는 면역이 되지 않는 해독하기 힘든 난치병

악마가 필요해

나는 모방하고 싶은 모든 것을 모방한다

나는 내가 어디로 가는지 도무지 알 수 없지만
나는 나를 가려주고
나는 나를 세상에 알린다
그러나 나는 나의 비밀을 흘리지 않는다
바야흐로,
나는 사과의 팬캡처럼 나를 품는다
나는 머리에 끈을 묶고
나는 입에 테이프를 붙이며 나를 지킨다
때론 제비처럼 난다 일 년을 벼른 백팩을 만난 것처럼
거리낄 것 없이,

나는 꼬리가 없다
그러니 나는 나를 모른다
아니 알아도 나는 나를 잡을 수 없다
때론 비우고 때론 채우기 위해 가면을 쓴 하얀 쇼핑백
어느 날,

나는 나를 내버려 두지 않을 것이다
보이거나 보이지 않거나
나는 내가 쳐놓은 우리에 갇힐 것이다
너는 여기 있고 네가 바라보는 나 또한 여기 있을 것이다
악마가 필요해, 나는

나와 이심이체
내가 기억하는 환상으로부터 나를 지운다
나의 마음은 가슴에 있지 않고
욕망의 뇌세포 수는 어차피 준다

나는 지금부터 나의 시선으로부터 자유롭기를 시작한다

우리는 모두 그런, 나를 모방한다

감기

내 목에서 상수리 마른 잎들이 달려왔다

차고 거친 바람 등에 업고
나뭇가지들이 흔들리는 소리 들렸다
잠시 한눈파는 사이

혹한의 도끼가 상수리나무 밑동을 내리꽂고 있다

다가가면 순간에 나뉘고
도망치면 냉큼 따라붙어 매달린다
호시탐탐
내 몸속, 숨을 헐떡일 때마다

너는 마른 잎들을 뒤집어쓰고
너는 도끼에 찍힌 자국을 벌렁거리고
너는 흰 거품으로 차오른다

잠깐…… 소리가 난다 밤새 갉아대던 나무의 마지막 신음

제2부

슬픔증

나는, 두렵고 위험한 존재다
블랙홀로 가는 검고 붉은 공간의 입구에 서 있다
가랑비 울울하게 갈비뼈를 빗는다

울음을 안주 삼아 소주를 마신다
억압된 말하기의 도구,
한숨을 친구 삼아 한 모금 연기를 뿜는다
근원 모를 불안에 대한 위로,

원근감 잃어버린 말들 분사되어 흩어지고
텅 빈 바다에 낡은 돛배 한 척 흔들리고 있다
순간 덮치고 들어온 파도
육지에 가 닿지 못하는 사유를
갈기갈기 물어뜯는다

나는 비닐 장막을 노크한다
깨끗이 빗은 갈비뼈,
야무진 가지 하나 뻗는다

붉은 꽃봉오리 부풀어 오른다

매트릭스다, 하얀집*
차가운 수액은 따뜻한 수혈이 될 수 있을까
나는 지금 동서병원 간다

나는 초록이다

* 마산에 있는 조현병, 조울증, 알코올중독 전문병원.

벚꽃 블루투스

서원곡 꽃놀이 나온 내 킬힐 위에
패각 같은 손으로 든 할머니의 한 잔 막걸리 속에
겁도 없이 콜록거리는 내 꿈 앞에
벚나무의 분홍 아이들
조마조마한 하늘 가득 패러글라이딩 한다

보이지 않고 들리지도 않아 잊힐
벚나무 같은 나라는 존재와
언젠가 지고 말 꽃잎 같은 내 얼굴
공중에 살다 바닥으로 내려오는
긴장한 생각, 생각들이 서멀을 탄다
자꾸 말 많아지고
순간순간 기우뚱대는
나를 충동질한다 분홍 아이들,

나는 당신의 무엇이었을까
꽃이 지는 것은 가면을 벗는 것
그래, 오늘은

우리 모두 땡땡이다

막걸리 한 잔에 할머니들 주름살은 꽃가지 되고
조슈아 벨이 코앞에서 연주해도 못 알아볼 우리
현실의 가면 벗고
회춘 패러글라이딩 한다
망설이는 어제를 털어낸 나의 파릇한 내일과
검붉게 익어갈 열매 품은 세계들
서멀을 타며 따뜻한 블루투스 한다

세잔의 사과

그의 존재를 맛깔스러운
음식이라는 대상에 가두지 않기 위해 나는,

그에게 얼마만큼 다가서며 다가서지 않으며
복잡하고 미묘한 심리의
화폭을 내레이션 할 수 있을까
그가 있는 정물화를 통해
나는 다층적 시간과 공간을 누빈다

안과 밖이 융기와 침몰을 거듭하는 그의 허공
나는 유폐된 현실과 충돌하는 혼돈의 길을 낸다
그의 실제인 명암과 색채를
포기하고, 지긋한 바라봄의 시간과
긴장된 완벽한 형태의 펼쳐짐, 그리고 응집, 그것으로 나는
아직 전통적이기만 한 파리를 휘몰아쳐야 한다

수없이 껍질을 깎는 주관적이라는 시각 속에서 나는

존재의 소멸을 견디는 갈망과 내통한다

나에게 그는
유혹하는 표면과는 비각된 시간의 독백,
근원으로 돌아가려는 내면에 야생의 언덕을 세우는 부동의 육체,
다른 시선이 일방적으로 규정한 나라는 존재와
나의 시선에 투사된 그라는 존재의
폭풍과 고요가 공존하는 내가 판단하는 내 모습, 사람이 어려운
있는 그대로를 바라보는 나의 눈빛과 그는
완벽한 소용돌이다 세상을 움직이며
움직이지 않는, 백지의 공중이 소리 없이 먹어치우는 사과

카페 그리다

가로수길 카페 거리 그리다에는
언제나 다리를 꼰 채 아메리카노를 마시는 그녀가 있다

스마트폰에 한 줄 메모가 뜰 때마다
커피잔을 들고 있던 그녀의 손가락이 바빠진다

그렇지만 그는
여전히 머릿속에서만 존재하는 그림이다

하얀 원피스를 아슬아슬 입은 루쥬 코코샤인
메타세쿼이아 아찔한 잎을 단 그녀의 속눈썹
나무에 등을 대고 눈사람처럼 앉았다
담장을 뛰어넘는 가지에 겨울 햇살이 가려진다
검정 민소매 원피스 입은 그녀의 페이스북에
우유 거품처럼 달라붙는 닉네임
나는 그리다에 눈속임벽화를 그린다

개미가 잔디를 밟는 고요가 있고

커피 향이 살랑거리며 마당으로 나오는 시간
나는 이제 내가 아니다
마시멜로 인형 같은 표정으로
언제나 그곳에서, 그 모습으로 그를 기다리는
나는 미련한 벤치다
새로 생긴 막다른 감정,

그럼에도 불구하고 그는
아직도 머릿속에서만 간질거리는 그림이다

안티고네 콤플렉스

나는 눈꺼풀을 여는 부작용으로 블라인드를 당긴다
비가 내린 거리는 너무 맑아 얼굴이 비치고
추위보다는 따뜻함을 세어보는 아침,

숨을 쉬듯 컴퓨터를 켠다
늘 켜져 있는 컴퓨터는 공기와 같은 존재
공기는 아무것도 하지 않았는데 다시 맑아졌다

시간이 프레스티시모로 봄을 데려왔다

나뭇가지가 기억을 내미는 창문은
바꿔 달지 않아도 바뀌는 그림 액자,
 오늘은 나의 젊은 시간을 압축한 벚꽃엔딩 앞에서 입을 벌린다

 흘러가는 것에서 고여 있는 것

 내 중얼거림의 공허한 되울림을 벽으로 둘러싼

공간, 언제나 같은 시선을 모으는
반경 1m, 시간이 물처럼 고이고
초상화가 된 나의 하루는 더디고 모호하다

지나가는 것들은 지나간다

외면하듯, 나는
산동네 골목 벽에 붉은 페인트칠하는 태양을 본다

아다지오

길 위에서 죽은 동백이 웃고 있다

나는 낯선 도시의 가로수처럼 서 있고
한걸음 뒤가 죽음인 세상,

내 무력적인 두 발의 흔적이 징그럽다

변주가 필요하다
나만을 위한 나만의 리듬을 가진
구두가 필요하다

그림 같은 풍경도 오래 머물면 불모지가 된다

사람이 있을 곳이란 결국 사람,

지금 내 발은 당신의 가슴속에 있을까
내 가슴에는 당신 신발이 있을까

느린 시간의 악보 위로 당신이 걸어간다

그림자를 부여잡고 말 걸어본다
환영의 끝 조심스레 당겨 본다

구두는
기울어진 미래로 나아가는 것이 아니라
쏟아질 것 없는 과거로 돌아간다

소유하는 것이 아니라 존재하는 것이 아니라 스쳐 지나간다.

아웃 오브 아프리카
내 삶의 협주

봄 알레르기

그녀가 그린 적 없는 불안한 파랑 하늘이
벚꽃 가지를 잡아끌던 날, 나비는
알을 깨고 알을 먹는 애벌레를 만났다
구성도 형태도 뒤집히지 않은 껍데기들의 포장
허약한 포장의 한쪽이 희망 없는 재채기를 한다

숲보다 넓은 세계를 확보하려는 꽃 먼지가
명령 없이 싸우는 길 한가운데 그녀는
세상에 나오지 않은 애인과 춤을 춘다 슬픈 사차원의 병자
아무도 모르게 구름을 보고 첫 보물을 숨긴
나비는, 아직 거기 남아서 붉은 소리 찾고 있다

밝고 가벼운 노란색 나비의 공간 아래
그녀는 선크림보다 부드러운 애인을 바른다
이제 나비는 보이는 봄을 보며 숨겨진 봄을 찾는다
늘 같은 생채기를 내며 흥정에서 이긴 나무가 옷을 갈아입는다
실컷 자고 일어난 숲이 다시 젊어졌다

뭉크의 절규 같은 어제가 무한 반복되는
그녀가 사는 세상의 무채색을
바른 마음을 가진 사람들이 있다고 바꿀 수는 없다
나뭇잎의 흔적에서 숲이 되는 색을 파헤치며
나비의 소용돌이를 증언할 명암의 차이가 창을 깬다

손가락을 구부리고 세게 흔들면 안기는 공기의 부드러움
세상의 모든 색을 담은 백과사전 같은 오늘은
온몸으로 키스를 부르는 꽃눈, 꽃눈이 내리는 날
그녀의 눈에서 가장 마지막 페이지로
나비는 스스로, 뺑소니치는 빛이 된다

포트레이트

나는 잔다 수평선과 지평선의 경계에서,
파닥거리기조차 힘든 붕어처럼,
현실도피에 성공한 몽상가처럼 눈을 뜨고, 잔다

마지막으로 붕어빵을 먹은 것이 언제였나

그때 내가 품었던 꿈이
흔해빠진 화가였던가 팥이었던가
시인이었던가 슈크림이었던가

꼬리부터 아가미까지 단숨에 베어 먹던
허기가 내 잠 속을 유영한다 마지막 장소로 도망치듯
흔들리는 어둠의 지느러미 쭈욱 찢어
당신으로부터 나를 격리한다

유폐된 빈집
내가 찾아야 할, 끝끝내 내가 찾아가야 할
내 안의 내가 설계한 몽상의 구름

행운과 악운 사이에서 굴러 떨어진 꿈을 주워 담는다

출구 없는 밤과 낮의 회전목마에 매달려 긴 잠을 잔다

그 다음 날*

내 잠을 훔친 그녀는
비로소 평화롭다
하얀 시트 위 뽀얀 가슴 드러낸 채 잠들었다
그녀가 누구인지
내 잠을 언제 돌려줄지 나는 모른다

꿈의 마차를 타고 달리는 마부가 되기 위해
잠꼬대하며 이를 갈다 다문 입술,
밤의 취기 속에 잠입한
그녀의 그림자만이 형체도 없이 젖은 잠을 감싸고 있다

손에서 벗어난 잔의 반작용과
술에서 벗어난 손의 부작용은

조금 더
옆구리 풀어헤친 단추들의
난동,
슬픔을 책임져줄 만큼만

텅 빈 시간,

그녀의 꿈속으로 패러글라이딩 하고 싶다

주둥이뿐인 주정꾼에 대한 슬픈 이야기를 서둘러 멈추고,
화장 잘 먹은 가면들의 무도회 초대장도 버리고,

그러나
입구가 좁은 꿈은 다음날을 걸고
슬픔은 긴 머리카락을 따라 흘러내린다

* 에드바르트 뭉크 작품.

태양의 저쪽

형하고 64m.
새로운 세상의 빛*

오늘
스물다섯 번째로 뛰어내린 남자는
허공을 벌리고 바다를 뚫었다

CCTV가 저승 입구를 순찰,
희망의 길 행복의 길로 서행하는 차량이
이승에서의 마지막 경고방송을 듣는다
그럼에도 불구하고,

모래시계 안의 모래,

난간은
인간적인 바리케이드가 되지 못한다

주고받는 게 서툰

마창대교,

바다는 자꾸만
눈부시게 하얀 풋내를 풍긴다

* 마산과 창원을 잇는 해상교량 마창대교의 슬로건.

김광석 거리

번화가를 지나
미끄러지는 시간과 솟구치는 공간을 지나

커피 한 잔을 들고
뒤통수를 긁적이다 고개 돌린 곳
서른 즈음의 당신
기타 치며 11월의 햇빛 속으로
느릿느릿 걸어가고 있다

벌레 먹은 플라타너스 잎들이 악보 속의 멜로디처럼 일렁거리고
멈칫, 연인처럼 한 컷
셀카에 찍힌다
밀려다니는 사람 속에서 아무것도 아닌 사물처럼
비루먹은 결핍과 얼룩진 언어들의 그림자처럼
나는 사진에 박힌다
너무 아픈 사랑은 사랑이 아니었음을 말하는
이 도시의 거리에서, 시간은

긴 그림자 사이를 걸어 다니는 노래
악몽을 꾸듯 나도
흘러간다, 당신처럼

쓰러지지 않으려 보폭을 맞추며 함께 움직인다
떠나왔거나 돌아왔거나
나는 다시, 처음의 번화가에 살아 있다
어디론가 당김을 향해 길을 내고
나를 지나는

모두가 낯선,

죽음과 소녀

깊고 검은 가련한 덩어리
당신의 그로테스크한 죽음에 부활을 꿈꾼다

당신을 들여다보며 나를 들여다본다
거울 속 당신 눈의 프레임,
당신의 온몸을 스멀거린다
나르시시즘, 내 눈으로 이송된다

우울한 열정만큼 급박한 시그널
무얼 견디는지 모르는
당신, 뒤틀린 두려움에 떨고 있다
박탈의 육체가 관념적으로 매달린다

어떡하지, 쉴레
기차가 비명을 지르며 빙빙 돈다 마찰열에
타올라, 분열된 에고
어떡하나, 쉴레
스스로 욕망하고 욕망이 되고

욕망의 시간에 묶이고 욕망의 철창에 갇힌
당신의 무릎 꿇지 않는 이중 노출

신경질적이고 도발적이고 모나고 각진 당신의
무덤은, 그럴듯한 포즈를 취하고
시간의 색色이 되고
색色은 더 이상의 주석을 달지 않는다

타임머신을 타고 한 바퀴

고흐의 별을 세는 진해 여좌천의 밤 벚꽃들이 어제는
종일 내 어깨에 매달리더니
오늘은 시치미 뚝,
알아볼 수 없는 옷으로 갈아입었다

그로 인해 시작된 의문,
우등고속버스 창 너머 꽃잎에 쌓인 세상으로 뻗는 호기심
나는 바람의 신부*를 안은 듯 불안하다
창밖의 나는 무게가 없고,
켜졌다 꺼지기를 반복하는 TV 화면에서 찌지직거리던 시간이
혼몽 속으로 창 안의 나를 빨아들인다

과거로 가는 웜홀을 통과한 버스가 잠시 멈췄다
타임머신 여행자들이 유령처럼 흘러나오는 선산휴게소
아직 패러글라이딩 하는 분홍빛 너를 본 것 같다
아메리카노 커피 향이 짙은 어둠 속 물결을 타고 밀려왔다

모두 제자리에!
잘 오셨습니다 여기서부터 서울입니다
우주의 어둠과 빛을 빨아들인 창은
늘어선 검은 산들을 타임머신 내부로 불러들인다, 동전처럼 달이 찍혀 있다
여좌천에서 시치미 뚝 떼던 너는
여기까지 따라와 속도 느껴지지 않는 후진을 한다

나는 천 리 밖 미래에서 온 사람
벚꽃 개화 예상도를 지나, 날짜별 등고선을 지나
타임머신은 현재에서 또 다른 현재로 시간과 공간을 횡단했다
내 바람의 신부 속의 과거인 너와 뒹군 시간, 멈춘 여의도의 시간
짧지만 마치 오래된 듯, 아주 많이 오래인 듯

한 짐 미래를 부려놓고 다시
과거가 된 미래로 가는 타임머신을 탄다

이쯤, 시간이 멈췄으면
그러나 그사이, 나의 미래는
꽃이 무너진 자리에서 봄을 말아 궁글리는 여름 안고 있다
그 바퀴 장착한 젊은 시간이 비밀번호 바꾼 채 낄낄거리고 있다

* 오스카 코코슈카의 작품.

제3부

마음이 푸른 모든 이의 달

나는 치명적이다

홀로 쪼그려 앉은 베란다엔 바람 한 점 없는데
검은 바다에는 달빛 파랑 일고

어둠이 머드팩처럼 마른다
얇은 잠, 얼굴 크기 추상화로 깨어나면
꿈꾸다 깬 사실조차 꿈이라는 이중구조

한 장롱에 다른 옷을 건다는 것이 무엇의 의미인지
일찍 알아버린 방학도 퇴직도 없는 탑
흐르기를 반복하는 시간의 행위에 쓸려
아무리 팔을 휘둘러도 벗어나지 못하는 수렁 속
매일매일 흙빛으로 널뛰는 몸

달빛을 들으며 달빛을 보며 달빛을 마신다

지구는 딱 알맞은 힘으로 달을 끌어당기고

달빛은 어둠이 무서운 내 생명주기에 흔적 지우기를 한다

야카모즈로 푸른 것들은 모두 무장해제다

플라나리아

어모털리티 카페의 테이블에 놓인 화병처럼
그녀들, 소파에 엉덩이 놓고 땅콩을 깐다

팥빙수를 섞지 않고 퍼먹는 그녀들의 피부 속에
시간의 꽃잎이 삶은 팥처럼 피었다

늙어도 아프다 소리는 하지 않는다는 것을 배경으로
사자처럼 바라만 보던 그녀,
사이비 교주처럼 팔체질의 편식을 네트워크로 퍼 나른다

그녀는 사자처럼 먹고 사자처럼 먹지 않는다
허기도 아니고 오기도 아닌
강 물고기는 되고 바닷물고기는 안 되는 이유가
밑반찬으로 배를 채운 뒤 나온 메인 메뉴 같다

머리를 잃어버려도 기억을 잃지 않는 각방 쓰는 땅콩

월 살라스의 바코드 시계처럼 아무리 도망쳐도

수다는 게걸스럽게
그녀들의 시간을 파먹으며 헐떡거린다
움켜줄 수 없는 간절함이란,

그녀들의 벌거벗은 마음에 맞는 보톡스는 없는 것일까

나에게도, 강력한 브레이크가 필요하다
플라나리아.

청개구리

움직이지 않는 눈으로 보는 움직이는 사물 사이
겨울잠을 꿈꾸는
나는 냉혈동물

나는 가슴이 없고
우리는 서로의 배를 문지르며
잔다, 죽은 듯이 죽은 척하며

우리
순진함의 보호를 받을 때는 지났다
만지지 마시라
작은 장난에도 화상 입는다

유혹은 언제나 당신의 몫
나는 너무 무거워 숨 막히는
당신의 베이스를 좋아한다

우리는 변한다 변해야 산다

당신이 올챙이 적 모르는 것은
환골탈태의 힘,
꼬리와 함께 나의 올챙이는 사라졌다

아주아주 시끄러운 밤과 낮이 지나면
어디에서도 나를 찾을 수 없는 날이 올 것이다
살짝
곡기를 끊은 보이스피싱

블랙박스

차 안으로 바다의 발소리가 스며든다
기어는 꿈으로 가는 노를 젓는다
눈먼 돛배 빈손으로 움직인다
파도 소리 가득 찬 귀가 먼 곳까지 둥둥
떠,
갔다 오곤 한다

자꾸만 물속으로 가라앉는 몸을
나는, 주워 올리지 못하고
어둠이 말미잘처럼 붙는 두 눈에
졸음 신이 접신을 시도한다

혼자 달리는 내면의 길
달도 잠에 취해 기우뚱
지구마저 꿈꾸듯 오른쪽으로 앓는다

우리 마을에는 왜 등대가 없을까요
꽁꽁 언 물고기가 말을 건다

띵동~*

창문에 머리를 박고 나서야 나는

반남 고분군에서 이탈한 미라처럼 차 문을 연다

* 자동차 블랙박스 경고음.

아메리카노와 카페라테와 아포가토의 건배

방명록에 손가락을 베였다

번지점프 하던 거미 한 마리
우왕좌왕, 붉은 실을 핥고
나는 심장이 흔들려서 날카로운 피가 났다

원로가 되면 입은 닫고 지갑을 열어야 합니다

봉해진 입술을 확인하듯
펜의 든든한 받침이었던
중지의 지문을(문을) 열고, 살을 벌리고(주문을 외우며)
으스스 떨고 있는 붉은 시간 본다

납품일을 넘겼으니 작품비는 줄 수 없습니다

당신은 언제나 자신감에 가득 차 있는데
나는 팔월의 아이스크림처럼 스스로 뭉개진다
몸은 없고 마음만 남는다

마음은 없고 말만 남는다

작품이 제품입니까

밤이면 멀미처럼 혼자 끓고 혼자 식는, 아픈 손가락

버스정류장

뼈만 남은 메타세쿼이아 사이에서
본다, 구겨진 목을 빼고
발꿈치를 세우고 본다
추워서 으으 발을 구르며 본다
모두 좌향좌를 하고,

그녀가 온다
충혈된 백야를 뚫고
저마다 내 것이 아닌 시간을 당기듯 그녀를 끌어당기는
사람들,

하지만 그녀는 늘 오지 않는다
그러나 곧 나타날 시간이다
그러니 늘 오고 있는 시간이다

그녀는 언제나 모든 시선을 빨아들인다
바쁘지 않아도 바쁜
그러나 그건 한때나마 뜨거웠던 시민의 정서,

기다리지 않아도 오는 시간
한 무더기의 출렁이던 이들이 그녀에게서 퇴짜를 맞고
농성 중이던 몇 사람만이 승천한다

그녀는 매번 자벌레처럼 오른쪽으로 가고
선택받지 못한 사람들과 늦은 사람들
바라보지 않아도 오는
왼쪽의 그녀를 기다린다 아침 내내,

창조의 기둥*

나무 우주에서 후두둑 지구로 떨어진 초록별
소나비 연못 지나
폭풍의 언덕 넘어서자
환영처럼 폭설이 휘몰아쳤다

어떤 관계인지 함께 있다
이름 알 수 없는 블랙홀에 봉인되는 격변의 시간

이것은 진화하는 성운이다, 나도 언젠가
처음 아닌 듯한 느낌으로
움찔움찔 삭으며 혼돈 속에 일그러질 삼투압의 빅뱅,
초록별들은 껍질만 남은 미더덕처럼
검은 은하수에 떠 있다

초신성의 무덤에서 다시
생명을 뿌리며 살아나는 매실들의 우주

나를 흔들어 빅뱅의 양수 속에서 출렁이게 한다

* the Eagle Nebula's Pillars of Creation, 독수리 성운.

입장들
— 익명 1

너는 내 발끝에 해적선처럼 누워 있다
순간, 등골이 얼고 뇌에 정전기가 인다
나와 눈이 마주쳐도 도망가지 않는다
살았나
죽었나
참나,

맨발의 너를 유기한다
원초적 불의 날개를 태운다
태우지 않은, 태운 적 없는, 나의 시간에 무임승차한 없는 너의 흔적
가혹하다 너를 만나면, 너를 죽이기로, 그렇게 하기로

하지만 분명 나는 아니다
창조주가 그 바쁜 와중에 쓸모없이 너를 만들었을까 반짝이는 검은 외투, 날개가 있지만 새처럼 자유롭지 못한 너도 너이기를 간절히 바라고 원해서 태어난 것은 아니다 불안하다 네가

여기 있든 어디 있든 사실 누구도 보고 싶어 하지 않는다 얼버무린다 벗어나고 싶은 시간,

네가 검은 발을 빼기에는 이미 늦었다 모든 것은 먹지도 자지도 않는 CCTV에 속속들이 매달려 있고
나는 지하주차장을
빠져나온다 너처럼 바퀴벌레처럼, 그러니 더는 너를 찾지 마시길

진도 4.0
— 익명 2

엘리베이터를 기다린다
— 출근도 같이하고 퇴근도 같이하네요

뭐지? 눈이 스캔한다
오늘 아침 구강 스프레이 뿌리며
9층에서 탄 낯선 남자,

시간과 공간
머리가 머뭇댄다

아, 네 그렇네요

— 아이스크림 케이크 상자를 들고 계셨죠
네, 맞아요
— 향기가 좋아 기억합니다
아, 급히 나오느라 머리를 덜 말려서 그런가 봐요

— 다음에 또 봬요

…뭐지?

남자, 9층에서 내 눈을 데리고 내린다
귀도 덩달아 튀어 나간다

장소와 장소 사이
예측하지 못한 공기가 흔들린다

라그랑주 포인트

독수리 두 마리가 45° 각도로 내려다본다
소리를 죽이고, 소리 없이
더하고 빼고 곱하고 나누는 세계에서
먹잇감의 숨통 끊지 못해, 죽기만을 기다린다
독수리는 바보
까치와 까마귀들이 접근한다
큰 날개를 펼쳐 고공에 오래 떠 있다 이때,
필요하다

하늘 서쪽에 초승달과 샛별이 있다
백일 된 아기처럼 웃는다
보이지 않는 것을 믿게 하는
나는 숭배한다 숭배하지 않는다
높은 차원의 존재들, 적도는 수평이다
초승달은 미래가 있다가 없다
진리는 거짓이다 거짓 없는 거짓,
필요하다

적당히 속아주고 적당히 눈감아주는 센스
필수다 내가 무언가로 인해
아무도 모르게 말라가도 이 행성에서는
한 번쯤, 태양처럼 붉은 달이 뜬다
빛에 쫓겨나는 지구의 그림자처럼
달은 언제나 변함없이 변한다
아무 일도 일어나지 않는다
공평하게 끌어당기는 권력이다 일정한 거리,
꼭 필요하다

뻥튀기

뻥이 입을 벌린다

뻥,
하고 터지는 순간이다
뻥은 수배에서 수십 배의 뻥이 된다
둘러선 이들이 탐을 내든
입맛을 다시며 자꾸 고개를 내밀든
뻥튀기는 오천 원

뻥,
돈이면 다 된다는
철면피를 본다
듣거나 듣지 않거나
걸신들린 사람처럼 뻥을 치는
명성에 궁하여 체면 따위 가리지 않는
살든 죽든 살살이

나는, 세상의 뻥에 주술을 건다

뼁이
뼁이 아니다
그러므로 나는 세상의 불신을 비꼰다
기질에 따라서든 의도에 의해서든
뼈대 있는 뼁의 기운으로 꽃병치레한다
착각이었지

뼁이
뼁,
하고 사라지려 한다 현기증이 난다
나는 붙잡았던 양을 내놓는다
눈은 여전히 감겨 있고 입은 벌어져
다시 대립하는 뼁 하나 뼁 둘

뼁이 나를 삼킨다

뚱딴지꽃

빈터는 여름이다
나는 무관심 속에 무심하게 자란다
나를 알아보지 못하는 나는
수많은 이름 중에 하필이면
돼지감자

푸른 잎을 먹은 꽃이 핀다

빈터 없는 가을
나는 관심 속에 완벽하게 핀다
나도 알아보는 나는
수많은 황금빛 꽃 중 어쩌다 보니
뚱딴지

뿌리는 꽃을 내세워 커다래진다

나는 나, 같은 것이 하나 없다
나는 모른다 또 하나의 나의 얼굴

나의 발돋움으로 대책 없는 웃음이 나는
나의 이름

나는 무너진다

통성명 않고 다녀간 후
친구는 언제 오느냐 물었다던
친구 남편의 시각처럼
상투적이고 애매한

나는, 나를 나의 얼굴에서 내린다
잔해를 파헤친다 혈통의
깊이에 대해
상실에 대해

제4부

프라이드치킨

난다, 난다 소문처럼
잠깐 빈 시간에 스윽 나타난다

바람 잘 탄 너를 만난 난 치명적이다

네가 삼킨 코가 숨통을 조일 때
코를 조인 네가
나의 뒤통수를 후려치고 잔뜩 웅크린 이목 부풀릴 때

너는 나의 세상

초가을 베어낸 풀 마르는 향취를 가진 사람과
이른 봄 녹지 않은 눈 향을 가진 사람과 같은

죽은 너의 원천

점진적으로 나타나는 너와
점차적으로 사라지는 너 사이

팽창으로 공허감을 증폭시키는
보지 않고도 코 낀
나는, 네게 압도당한다 이 한밤에

지칠 줄 몰라
달아날 길 없어

살아 있는, 살았다가, 사는,
그럴 수밖에 없는
나는 숨을 참는다 파들거린다

초설마삭

잎의 산반 무늬가 꽃 같은 초설마삭을 데리고 왔다

일주일에 한 번씩 마른 목 적시는
화분 감옥에 유배된 베란다 화초들 틈에서

제대로 꽃피울 수 있을까

그 아이
집이라는 화분에서 나와 야생의 도시로 간 날

베란다 바닥 쓰다듬던 빛들도 따라 나갔다

홀가분하고 일손 줄었는데
마음 들어낸 화분 속으로
전진도 후퇴도 없는 풀죽은 어둠이
한 곳만을 맴도는 조마조마한 바람이
멀미처럼 찾아든다

꽃 진 만큼 신록으로 어깨 무거워지는 봄

내 목멤이 천 리 밖 도시 원룸까지
물줄기 뻗은 것일까

새끼 노루처럼 밤새 동그란 뜬눈으로 안겼던
그 아이의 가녀린 손
초설마삭 순처럼 내 가슴에 무성히 뻗어 오른다

청혼

낮과 밤의 경계가 허물어지는 사이
주남저수지는
시월의 마지막 밤 보석 퀸 선발대회를 열었다

아쿠아마린 옐로우 큐빅 목걸이를 한 북산, 구룡산
루비 브로치를 꽂은 잠자리 모델,
호박 귀걸이를 한 미니 쿠페의 등장에
주남 둑 로비가 아우성이다

하늘은 빛의 속도와 나란히
물 위에 별 가로등을 세우고
내 것 네 것이 아닌 우리의 것
나뭇잎 놀이에 지친 쇠기러기 눈에 제이드를 선물하며
제주행 비행기가 캣츠아이 견장을 달고 등장한다

물과 어둠이 섞어 만든 오로라를 받으며
억새의 하얀 솜털 같은 스무 살 반달과
나는 수줍은 첫 키스를 한다

혼을 쏙 빼놓기 위해서,
 빛은 발하기 전 더 많은 시간을 쏟아야 한다
 흰뺨검둥오리, 물닭 새끼, 쇠오리들 환호성 불꽃놀이로
터져 오른다

 억새와 갈대는 경호 서느라 온몸이 휘어지지만
 주남의 보석 퀸 선발대회 대성황이다

부전나비의 봄 바로 가기

아버지 주무시는 안방 사진틀 사방에 낀
삼각형 부전 같은 나는, 시집 속의
나뭇잎처럼 납작하지만 갓춘탈바꿈 한 부전나비,
까치다리처럼 꽃들의 결혼 코스프레를 꿈꾸며

시린 더듬이로
가장 서럽고
가장 환하고 눈부신, 봄을
기다렸다

보이지 않음에서 보임으로
진줏빛 바탕에 검은 점무늬 스커트를 입은 코스퍼,
꽃과 꽃 위의 하늘에서 춤추지만 이내, 변하지 않은
변하지도 않을 태양은 늙고
바람에 쫓긴 구름이 산등성이를 넘어갔다

휘청, 봄이 흔들리며 나까지도 흔들었다

아버지 코 고는 소리
고장 난 시계 같은, 바랜 사진틀 밑으로 잦아들고
봄은 또 오고
애기똥풀은 또 피고
나에게로 향하는 달은
프라이팬 위의 생선처럼 돌아눕지 않는다

기억의 탈선을 날리는
부전나비의 봄 바로 가기

미루나무

젊었을 때 자주 미루나무에 기대시던 아버지
늙어서 미루나무가 되었다 파 먹히고 헐어서 온통 속이
비어버린
수령 팔십 년
봄이 되자 햇빛을 따라
감춰두었던 마지막 이파리들을 안간힘 쓰며 내밀었다

바람은
스스로 살아서 빽빽함 속 틈을 비집고 사그랑 사그랑
중얼거리던 나무와 손잡고 공소로 향하던
멀리 뒤처진 나의 어린 시간, 야윈 잎사귀의
길을 불러온다

미루나무 두 그루는 언젠가부터 조금씩 키가 달랐다

무릎 두드리던 내 손은 자라고
아버지, 언제나 후식으로 먹던 알약들은 흐릿해지고
순간들의 이음새가 닳아

한 잎 한 잎 절뚝이고 있다

선풍기는 돌고 자전거 바퀴는 멈췄다

아버지, 좋아하는 일이 뭐예요?
비밀이에요?
아주 오래 나의 지팡이로 서 있던 아버지가 불안하다

  내 발걸음 따라 지쳐가는 여름
  밥 대신 술잔을 받아들고
  오래 비운 집을 한참 바라보다가 좌판 위 고등어처럼 돌
아누워
  풍장에 드는 아버지

장롱 속에서 어둠이 천천히 자전거를 타고 나온다

봄의 블루투스

오래된 솥에 굵은 멸치 한 줌 던져 넣는다
묵은 된장 한 주걱 풀어 넣고
불린 쌀, 들깻가루 양념한 쑥국이 끓으면
한겨울 눈바람에도 파랗게 자란 파 송송 고명으로 얹어
후후 입김 불며 한 술갈

코피 나면 비벼서 코를 막고
멱 감을 땐 몇 잎 구겨 귀를 막고
돌로 으깨 베인 손에 붙이던
쑥,
사방에서 튀쳐나온다 쑥쑥 자라나던 내 어린 시절 그 맛

휘어진 논두렁 해쑥을 캐 다듬으며
쑥과 내통한 엄마
브래지어 한 번 두른 적 없지만 그래도 한땐 여자였지
수액 주사 꽂힌 쑥빛 손으로 엄마가 달아준 날개 한 쌍
지나고 나면 세상에 못 견딜 일이란 없단다

하얗게 살얼음 떠 있던 맵고 쓰린 상심의 계절을 걸어
겨우 당도한 봄의 정거장 같은,

푸릇푸릇 쑥국 웃음이 피어나는 저녁

내 날갯죽지 세포마다 찌릿찌릿
쓰리고 따가운
엄마,
병실 창밖으로 손 흔들던 엄마가 집안 가득 봄의 생기 풀고 있다

당신이 죽었다

열려 있지도 닫혀 있지도 않은 문이 있다

별똥별 쏟아져 솥뚜껑에 미끄러지는 밤과
엉킨 거미줄 눈부시게 탄주하는 아침 햇빛이 교차하는 집

푸석푸석 골다공증 담벼락이
문간의 늙은 땡감 나무에 기대 마당을 바라보고 있다
우리에게도 젊은 날 있었다고 시퍼렇게 풀들이 마당을 점령하고 있다

창문의 상처를 안고 있는 창틀
오래 관절염을 앓아 금세라도 주저앉을 것 같은 기둥
비가 와도 꽃이 피어도
당신이 머물지 않는 시간, 모르는 것처럼

사라질 때까지 사라지지 않는 빈 곳

컹컹,

어디서 개 짖는 소리가 낡은 슬레이트 지붕을 흔든다
 길냥이들은 캄캄한 마루 아래에서 가마푸르레한 눈을 깜박이고

 달그락거림을 잊은 문고리처럼 나도 한참 저무는 빈집

목포

난간 너머
거친 파도가 날뛰고 있었다
허옇게 포말을 공중에 흩으며
바락바락 악을 쓰고 있었다
그래도 꼼짝하지 않는

두 사람

온몸으로
파도와 싸우다 바위가 됐다는
두 사람

돌갓을 쓰고
수천수만 년
날카롭게 물어뜯는 바다의 이빨을 견디며
떡하니 버틴 두 사람

지켜준다는 것은 구속하는 것

만신창이로 살아남아
천연기념물로 옥살이하는
두 사람

죄송합니다만, 갓바위가 어디 있는지 아시는지요?

아직 도착하지 않은 지점

　마이산에 서 있었다 탑이 산을 밟고 위로 위로 나아가고 있었다 태풍에도 탑 속에 숨긴 것은 보이지 않았다 능소화가 바위를 타고 위로 위로 오르고 있었다 폭우에도 바위 속에 숨은 것은 쏟아지지 않았다

　무엇이
　무엇을 당기고 있는 걸까

　심장이 파열된 바위를 보러 온 여자가 있었다 심장이 파열된 바위 조각으로 탑을 만든 남자가 있었다 풍경에 심취한 여자가 있었고 풍경이 그냥 생활인 남자가 있었다 탑사에 서 있었다

　이상하다
　너는 죽고 나는 남았다

　문득 숨긴 것과 숨은 것 보고 싶은 것과 보이는 것 그사이, 호랑지빠귀가 서어나무 잎을 쳤다 휘―이 어둠의 끝을

물고 굴참나무 뒤에 숨었다 휘—호 빛의 시작을 물고 하늘로 날아올랐다

  꽃이 피지 않았다
  그곳에 멈춰 서 있었다

그림자

우리 사이는 거기서부터 시작되었다
현재와 과거와 미래가 동시에 잡아당기는 잠상

너는 5월의 빛과 12월의 어둠이 만난 날처럼
맹목적으로

나를 만지고
나를 멈춰 세우고
나를 붙잡고
내게 다가선다

가끔 때도 없이 나와 너는
떨어지려다 떨어지지 않으려다
죽음의 자세로 조락한다

너와 나는 언제나 공범이다

나와 겹친 또 하나의 내가 끝없이 윤독된다

너는 삶과 죽음과 현실과 관련 없는 피사체

너와 나의 미래와 과거와 현재에
반전은 없다
암시도 없다
끊임없는 흑백의 줄다리기

너와 나의 교집합이
이쪽 끝에서 저쪽 끝에 놓여 있다
12월에 알게 되는 5월의 따뜻한 역광

너는 나의 모든 죽음이다

너무 뜨거워서

고개를 내민다 머리카락을 적신다 머리카락 사이로 흘러내린다 앗 뜨거, 뜨거워, 뜨겁다고, 오른손으로 샤워기를 더듬 왼손으로 수도꼭지를 더듬 감각만으로, 거품이 머리카락을 잠식한다 철철 넘쳐흐른다 캄캄하게 젖는다, 이렇게 나는 죽나 보다, 흐느낀다

보이지 않는 손이
내 얼굴을 쓰다듬는다
천사처럼,
물이 흘러내리는 눈의 반작용이
눈물이 나는 부작용으로 눈을 뜬다

하늘에 오르지 못한 나의 분신
내 목숨의 인질
어둠 속에 수그린
검은 사체들이 뭉친다

보고서도 믿을 수 없는 무방비의 세계
내가 살지 못했던

보지 못하는 나를 나는 구하지 못하고
나는 여기 있는데 저기 있다
나를 떠난
내가 놓쳐버린,

어떤가요 그대 그쪽 세계는,

아름다운 힘

은행나무 잎들의 사이가 멀어진다
열매는 햇살을 *끄*집어 당기고
초록 속에 숨어 있다 들킨
바람이 은행잎을 물고 번지점프 한다

은행나무 한쪽이 잠깐 빈다
나의 한쪽도 잠깐 빈다
내가 만든 시간이 아니라, 공전 중인
지구의 기울어진 시간 안에서
우리는 서로 내일의 밑받침

아무도 모르게 저를 키워 온
바닥을 뒹굴던 들통 속
말복 지난 습기가 가난해진다
다시 무언가 먹을 수 있다는 희망
알이 단단히 밴 감정으로 보송보송하다

가을이 소 눈처럼 맑다

서연우의 시세계

문명이라는 이름의 거대한 '빈집'

고봉준

서연우의 시세계

문명이라는 이름의 거대한 '빈집'

고봉준

(문학평론가·경희대 후마니타스칼리지 교수)

1.

동물학자들의 주장에 따르면 '새처럼 자유롭다'는 말은 거짓이다. 오래전부터 인류는 '사회-땅'에 갇혀 살아가는 인간과 달리 새는 '공중'을 자유롭게 유영한다고 상상함으로써 '새'를 자유의 상징으로 여겨왔다. 하지만 동물에게 영토권(territory)이 갖는 의미를 알게 되면 사실 '새'가 자신의 영토에 갇혀 있다고 판단했을 것이다. 마찬가지로 어떤 사람들은 인간에게 언어, 특히 모국어가 사유와 표현의 자유를 제공하는 소중한 존재라고 주장한다. 그들 또한 언어, 특히 모국어가 인간의 사유와 표현을 제한하는 기능을 수행한다는 것을, 그리하여 모국어로 포착할 수 없거나 표현할 수 없는 것은 이해할 수 없거나 존재하지 않는 것으로 여기도록 만든다는 사실을 알게 되면 모국어가 원초적인 '감옥'임을 깨닫게 될 것이다.

어둠 속에 한 아이가 있는 장면을 상상해보자. 아이는 남자일 수도 있고, 여자일 수도 있다. 아이의 성별이나 그가 어둠 속에 홀로 남겨진 이유 따위는 본질적인 것이 아니다. 아이가 홀로 어둠 속에 있다는 사실만이 중요하다. 어둠에 맞닥뜨린 순간부터 아이는 본능적으로 평소 자신이 의지하던 존재들, 가령 부모와 가족 등을 애타게 찾을 것이다. 익숙함은 낯선 환경에서 초래되는 두려움에 대한 최선의 처방이다. 하지만 아이의 주위에는 의지할 어떤 사람도 존재하지 않는다. 그 사실을 깨닫는 순간 아이는 심각한 두려움에 휩싸이게 된다. 만일 그가 소심한 아이거나, 난생 처음 홀로 어둠 속에 남겨진 경우라면, 혹은 비교적 어린 나이라면 곧장 눈물을 쏟으며 부모를 찾을 것이다. 하지만 다른 상황을 상상할 수도 있다. 예컨대 홀로 남겨진 것이 처음이 아니거나, 스스로의 힘으로 그 상황을 헤쳐 나가려고 마음을 먹을 정도의 연령이라면 다르게 반응할 수도 있지 않을까. 영화의 한 장면처럼 아이는 두려움을 이겨내기 위해 낮은 목소리로 익숙한 멜로디를 흥얼거릴지도 모른다. 아이에게 '노래'는 일종의 안정감을 가져다준다. 즉 익숙하지 않은 상황에서 초래되는 두려움과 불안함을 이겨내기 위해 아이는 익숙한 멜로디를 통해 '낯선' 상황 안에 익숙한 '질서'를 도입하려고 시도하고 있는 것이다.

2.

시의 '기원'에 관해서라면, 반대의 경우를 상정할 수도 있다. 어둠 속에서 부르는 아이의 '노래'가 낯선 상황을 익숙하게 만드는 주문(spell) 같은 것이라면, 시, 즉 시인의 '노래'는 반대로 익숙한 상황에서 벗어나기 위해, 익숙함이 제공하는 습관적인 인지 과정의 최면술에서 깨어나기 위해 행하는 주문(spell)이라고 말할 수 있다. 우리는 이 익숙한 습관의 세계를 '일상'이라고 부른다. 일상이라는 이름의 세계 속에서 우리는 생활인으로 거주하면서 세계를 습관적이면서도 실용적인 방식으로 인지한다. 일상은 습관의 세계이다. 일상적으로 사고한다는 것은 대상에 대한 인지가 자동화되어 있다는 의미이다. 시가 추구하는 '새로움'은 정확히 세계와 대상을 바라보는 인지 방식, 그리고 경험을 표현하는 언어를 탈脫자동화하는 뒤틀림에서 온다. 가령,

여름은 재즈오케스트라 구름의 정기공연으로 시작되었다

재즈오케스트라 구름의 지휘자는 바람이다
나무는 죽음을 보는 고양이의 울음을 가진 바이올린
비는 팀파니스트
닫힌 창문을 총 쏘듯 두드리며
피터와 늑대의 사냥꾼 흉내를 내고 있다

총소리에 놀란 아래층 된장 끓는 냄새
하안거 중인 물먹는 하마 입속으로 숨어든다
월영공원 벤치를 분양받은 추리닝 아저씨
상가 계단 밑에서 비를 관중으로 디디알 재즈댄스 춘다
　　—「하늘은 도대체 몇 개의 물뿌리개를
　　　　가지고 있는 것인가」 부분

같은 진술을 보자. 시인은 '여름'이라는 자연적 시간을 "재즈오케스트라 구름의 정기공연으로 시작"되는 거대한 퍼포먼스로 표현한다. 이 재즈오케스트라에서 '바람'은 '구름'의 지휘자를, '나무'는 '바이올린', '비'는 '팀파니스트'의 역할을 수행한다. 시인은 "닫힌 창문을 총 쏘듯 두드리며" 떨어지는 요란한 빗소리에서 팀파니스트의 손길을 읽는다. 시인들은 종종 '자연' 현상을 인간의 의도된 행위로, 혹은 그 반대 방향으로 형상화하려는 의지를 드러낸다. 이 의지를 통과하면 자연은 비非자연이, 비자연은 자연이 된다. 이러한 모드의 전환은 시의 출발점이니, 그것을 통해 익숙한 세계는 낯선 세계로 바뀌고, 상식적인 생각은 의심받아 마땅한 대상이 된다. 알다시피 이 변환을 추동하는 것이 비유의 기능이니, 비유적인 표현은 안정적이고 선명하게 구분된 현실을 불확정적인 것으로 만드는 유동효과를 발휘한다.

철학자 소크라테스도 모른다
제작자만이 안다 상호신뢰가 불가능하다
드라마 인간의 조연으로 무방비 출연 중이다
나는 유리곽 안에 사는 인형이다

어둠에 드러나지 않고
빛에 접촉하지 않고
어디든 발소리 하나 내지 않고 달려갈 수 있지만
조명 OP도 없는 위험에 미행당하는
주연배우는 사절이다

CCTV의 유리가 깨져도
블랙박스 유리가 버티고 있고
유리곽 쪽에서 보면 나는 보호의 대상이지만

잠들 때마다 깨어나지 않게 해 달라 기도하는

나는 어쩌면 수배 중이다

이번 드라마는 내내 불안하다

카메라는 24시간 돌아가는데

내 몸의 장기들마저 보여줘야 하는데

때론 시청자가 한 명도 없거나 한 명뿐이어서

영원히 별이 될 수 없는 배역

내가 이 배역을 맡게 된 건

예쁜 아기를 갖고 싶었던

그때의 눈빛이 기억나지 않는 어린 외숙모 때문이다

진열장 유리곽 안에 있는 인형을 꺼내고

세 살배기 나를 넣어 구경했던 탁월한 안목

구경과 갇힘의 시간 걸어 나와

허공의 시간 아래 앉았다

내가 참기 어려운 것은 참지 못할 것은 없다는 것

나의 드라마 출연 유통기한은 또 하루 줄고

비밀들은 위독하여 곧 천연기념물이 될 것이다

―「카메라 연대기」 전문

서연우의 시는 비유적 시선을 통해 현대성, 즉 현대사회의 특정한 단면을 성찰한다. CCTV를 감시사회의 도래라는 관점에서 비판적으로 형상화하고 있는 인용시가 대표적인 사례이다. 이 시에서 화자는 자신을 드라마에 출연하고 있는 '조연', 또는 "유리곽 안에 사는 인형"으로 규정한다. '조연'과 '인형'은 전혀 다른 느낌이지만, 자신의 의사와 상관없이 감시의 시선에 '무방비'로 노출되어 있다는 점에서 그들의 운명은 동일하다. 한 보고서에 따르면 현대인은 하루에 평균 83회 정도 CCTV에 노출된다고 한다. 아침에 일어나 아파트 현관문을 열고 나오는 순간부터, 엘리베이터, 주차장, 지하철, 버스정류장, 쇼핑몰, 사무실 등 사실상 도시 전체가 거대한 감시의 시선에 의해 관리되고 있다. 물론 이러한 문명에 대한 시인의 태도는 부정적이다. 화자는 "미행당하는/ 주연배우는 사절"이라고 경고하고 있다. 하지만 감시사회의 문제점은 그곳에서 살아가는 어느 누구도 감시의 시선에서 자유로울 수 없다는 것이다. 감시사회에서 시선의 주체는 오직 "제작자"만의 것이지만, 그 또한 사무실 문을 나서는 순간부터 감시, 즉 시선의 대상 이외의 어떤 것이 아니다.

　그런데 현대사회가 '감시사회'인 이유가 CCTV만은 아니다. 봉건적인 공동체적 질서가 와해되고 근대적인 개인-주체가 등장하는 순간부터 모든 감시 장치는 줄곧 개인을 따라다녔다. 개인의 시대는 개인의 행위에 대한 법적인 책임을 개인에게 묻는 것으로 시작되었다. 사진(몽타주), 지문, 신분증, 유전자 등이 형사사건에서 중요한 증거인 이유는 그것이 개인을 특정하는 기능을 수행하기 때문이고, 따라서 개인에 대한 '감시'의 시선이 CCTV에 국한되어야 할 이유는 없다. 오히려 디지털 문명시대가 도래함에 따라 오늘날에는 신용카드, 휴대전화 등이 동일한 역할을 담당하고 있다. 미국의 법학자 프랭크 파스콸레의 지적처럼 '블랙박스'는 "인풋과 아웃풋은 확인할 수 있어도 인풋이 어떻게 아웃풋으로 바뀌는지는 알 수 없는 시스템"이다. 구글의 빅데이터가 그렇듯이 우리는 매일처럼 이러한 시스템에 노출됨으로써 더욱 치밀하고 면밀한 방식으로 추적당하고 있으며, 우리가 미처 인지하지도 못하는 '나'에 관한 정보가 데이터라는 이름으로 자본을 따라 흘러 다닌다. 그럼에도 불구하고 사람들은 CCTV나 블랙박스 같은 장치가 우리를 '보호'하기 위한 장치라고 믿는다. 하지만 '수배 중'이라는 단어가 지시하듯이 CCTV는 '보호'와 '수배'를 동시에 수행하며, 강력 사건을 예방하는 효과가 지극히 낮다는 점에서 '보호'보다는 '수배'에 더 의미를 두고 있다고 보는 것이 타당할 듯하다. 문제는 이러한 항상적인 수배-감시의 시선을 의식하는 사람들에게 그것은 '보호'가 아니라 '불안'의 원인이 된다는 것이다. 그런데 화자가 CCTV를 수배-감시의 시선으로 경험하게 되는 이유는 다소 흥미롭다. 그는 그

것이 "예쁜 아기를 갖고 싶었던/ 그때의 눈빛이 기억나지 않는 어린 외숙모 때문"이라고 고백하고 있다. 그러니까 자신이 '세 살배기'였을 때 어린 외숙모가 '인형' 대신 자신을 '진열장 유리곽'에 넣고 구경했는데, 그때의 경험이 자신으로 하여금 타인의 시선을 "구경과 갇힘의 시간"으로 여기도록 만들었다는 것이다. 시인은 현대성에 대한 관심을 매개로 사회적인 것과 개인적인 것, 장치적인 것과 심리적인 것 사이에 연속성을 부여한다.

    22층 할머니가 비린내와 함께
    서서 잠든 이른 새벽을 들추고

    안녕하세요

    6층 단발머리가 웃음을 메고

    오랜만이네

    나는
    스물넷의 성장판 중 하나를 누르면
    가볍게 자동 레벨링 한다
    그러므로 삼키고 뱉는 건 내 마음이 아니다

그건 내부자의 일

　　나는 가끔 혼자여서 허기질 때
　　쭈그려 앉아 내부자의 흔적을 느낀다
　　회피하는 어색한 순간과
　　감옥에 갇힌 듯 공허와 공포를 견디는

　　사실 나는 감옥이다
　　오르락내리락 살다 어느 순간 딱 멈춰버리는
　　그래 어쩌면 제법 잘 갖춘 무덤일지도 모른다

　　먹고 뱉으면서도 머리카락 한 올 건드리지 않는
　　열리지 않을까 두려운,
　　　　　　　　　　　―「엘리베이터」 전문

　현대사회에 대한 관심은 '엘리베이터'를 '감옥'으로 표현하고 있는 이 시에서도 동일하게 드러난다. 아파트가 주요한 생활공간이고, 고층 빌딩이 사무실의 대표적인 형태인 오늘날 '엘리베이터'는 공적·사적 영역 모두에 필수적인 도구이다. 시인은 그러한 '엘리베이터'에 '나'라는 인격을 부여함으로써 그것을 의인화하고 있다. '낯설게하기'의 일종일까? 아니면 인간의 목소리로 엘리베이터를 대상화하지 않기 위해

서 엘리베이터에게 목소리를 부여한 것일까? 그리하여 인간이 미처 알지 못하는 엘리베이터의 진실을 스스로 폭로하도록 만들려는 것일까? 인용시에서 '나=엘리베이터'는 자신을 "스물넷의 성장판 중 하나를 누르면/ 가볍게 자동 레벨링"하는 존재라고 소개한다. 여기에서 '스물넷'이 건물의 높이(24층)를 가리키는 것임은 쉽게 짐작할 수 있다. 그리고 "삼키고 뱉는 건 내 마음이 아니다"라는 진술은 엘리베이터를 작동하는 것이 오롯이 '승객=내부자'의 의지에 달려 있다는 의미이다. 이처럼 오늘날 엘리베이터는 아찔한 높이의 스카이라인을 자랑하는 메트로폴리스의 상징으로 인식되고 있으나, 우리들 대부분에게 그것은 "회피하는 어색한 순간과/ 감옥에 갇힌 듯 공허와 공포를 견디는"이라는 진술처럼 어색함을 피하기 어려운 공간이고, 혹시나 있을 수 있는 사고 때문에 늘 공포를 염두에 두어야 하는 무서운 공간이다. 그러므로 "사실 나는 감옥이다"라는 화자의 진술은 물론, 그것을 "제법 잘 갖춘 무덤"이라고 규정하는 시인의 사유에도 충분히 공감할 수 있다.

3.

뼈만 남은 메타세쿼이아 사이에서
본다, 구겨진 목을 빼고

발꿈치를 세우고 본다

추워서 으으 발을 구르며 본다

모두 좌향좌를 하고,

그녀가 온다

충혈된 백야를 뚫고

저마다 내 것이 아닌 시간을 당기듯 그녀를 끌어당기는

사람들,

하지만 그녀는 늘 오지 않는다

그러나 곧 나타날 시간이다

그러니 늘 오고 있는 시간이다

그녀는 언제나 모든 시선을 빨아들인다

바쁘지 않아도 바쁜

그러나 그건 한때나마 뜨거웠던 시민의 정서,

─「버스정류장」부분

비단 CCTV와 엘리베이터만이 아니다. 이것들 외에도 서연우의 시에는 "와이파이 구름", "핫 스팟"(「디지털 네이티브」), "사각형의 날카로운 프레임"(「어쨌든, 위로」)이라고 형상화된 휴대폰, "졸음 신이 접신을 시도"하는 순간에 '띵동~'(「블랙박스」)하고 울리는 블랙박스 등처럼 우리가 일상생활에서 접하는 기계 장치가 빈번하게 등장한다. 특히 시인이 그것들을 중요한 시적 대상으로 포착하여 시적으로 변주함으로써 그것들을 비판적으로 성찰할 수 있는 계기를 제공한다는 사실에 주목해야 한다. 이 시에서 '그녀'라고 인격화된 대상은, 제목에서 암시되듯이, '버스'이다. 지금, 버스정류장에서 사람들은 "구겨진 목을 빼고", "발꿈치를 세우고", "추워서 으으 발을 구르며" 간절하게 누군가를 기다리고 있다. 이들이 기다리는 존재는 그녀, 즉 버스이다. 시인은 추운 날 발을 구르며 버스를 기다리는 시민들의 모습에서 '그녀'의 도래를 기다리는 모습을, 특히 오랜 기다림 끝에 모습을 드러내는 다소 극적인 장면을 상상한다. 여기에서 '그녀'가 등장하는 배경으로 설정된 "충혈된 백야"란 저녁 무렵을 의미하는 것이니 이 시는 퇴근길에 나선 시민들의 모습을 형상화한 것으로 읽어도 좋을 듯하다. 이처럼 시인은 화자를 '대상'이 아니라 목소리의 주체로 설정함으로써 시적 대상에 들러붙어 있는 상투적인 느낌을 쇄신하거나, 하나의 수수께끼처럼 대상의 정체를 숨기거나 모호하게 만듦으로써 독자의 호기심을 자극한다. 이러한 수수께끼 시는 대상의 정체를 알아차리는 순간 시적 긴장을 상실한다는 위험을 안고 있지만, 그것의 정체가 명확하게 드러나지 않는 한 긴장감과 흥미를 동시에 충족시킬 수 있다는 장점도 갖기 마련이다.

여보세요, 여기 아무도 없어요?

북쪽을 지키는 거북과
남쪽을 지키는 해태와
화마를 쫓는 드므와
지나가면 늙지 않는다는 불로문이 있다
넘볼 수 없는 담이다
하지만 백 년이 넘도록 창덕궁은 빈집이다
나는 삼천 원으로 열리는 돈화문을 나왔다

기하학적 입방체들이 상호 결합한
잿빛 전벽돌과 연지 된 담쟁이덩굴이 나를 유혹한다
노란 철문을 노크하고 있는 플라타너스를 밀쳤다
은행잎이 새치기하는 내 발등을 문다
철조망 베레모를 쓴 고려 시대 삼층석탑 오래 운 흔적을 본다
지금 공간 스페이스도 빈집이다

몸이 무거워진 비둘기에게서 평화가 사라졌다

우뚝 솟은 집 집 집
관심 없는 사람 사람 사람
그 사이 사이 사이에

바람이 모래 휴이대첩전 전술을 펼친다

벗어나지 못하는 경계를 가진

나도 빈집,

심판 없는 지구도 곧 빈집이 될 것이다

신음하던 담쟁이 잎이 떨어진다

살아 있는 것들이 사라지고 있다

—「보이드 스페이드」 전문

  서연우의 이번 시집에서 가장 인상적인 것은 메트로폴리스의 한가운데에서 '빈집'의 이미지를 읽는 장면이다. 그녀의 시편들 대부분은 비유, 상징, 알레고리 등을 통해 일상적 시선이 포착하지 못한 문명의 이면을 드러내는 것에 초점이 맞춰져 있다. 하지만 그 상상력의 대부분이 문명의 부정적 측면을 강조하는 방향으로 귀결되고 있다는 것은 시적 긴장의 측면에서는 약점이라고 말할 수도 있는데, 시집 전체에 흩뿌려져 있는 '빈집'의 이미지가 그 단점을 보완하고 있다. 시인에 따르면 이 시의 제목인 '보이드 스페이스'는 "無의 공간, 우주에서 아무것도 존재하지 않는 지름 10억 광년의 공간"이다. 이러한 천문학적 설명을 고려하지 않더라도 우리는 '보이드void'가 텅 빈 공간을 뜻임을 안다. 알려진 바에 의하면 그것은 1980년대에 우주를 관측하는 과정에서 발견되었고, 그곳에는 별은 물론 은하수나 블랙홀 등도 존재하지 않는다고 한다. 요컨대 그것은 우주 한가운데 존재하는 거대한 공동空洞 공간인 것이다. 그런데 시인의 관심은 결코 우주 공간에 있지 않다. 오히려 시인은 "백 년이 넘도록 창덕궁은 빈집이다"라는 진술처럼 메트로폴리스 서울의 중심에서 거대한 공동을 발견한다.

역사적 공간만이 '빈집'은 아니다. 창덕궁에서 멀지 않은 곳에 위치한, 건축가 김수근이 건축한 것으로 알려진 '공간 스페이스' 또한 시인에게는 '빈집'이다. 시에 등장하는 "기하학적 입방체들이 상호 결합한/ 잿빛 전벽돌"과 '담쟁이덩굴', '플라타너스', '삼층 석탑' 등은 모두 이 공간에 존재하는 사물들을 재현한 것들이다. 그런데 '창덕궁'과 '공간 스페이스'를 '빈집'으로 경험하는 시인의 감각이 사실적인 지각은 아니다. 시의 입구에 등장하는 "여보세요, 여기 아무도 없어요?"라는 진술은 인적이 느껴지지 않는 상황이 아니라 시인의 공간 경험을 진술한 것으로 읽어야 한다. 그리고 이러한 공간경험은 4연에서 "몸이 무거워진 비둘기에게서 평화가 사라졌다"처럼 '평화'라는 추상적 가치의 문제로 확대된다. 요컨대 시인에게 비대해진 비둘기는 더 이상 '평화'라는 가치를 연상시키지 못한다. 동일한 시각에서 시인은 '서울'이라는 현대 도시를 거대한 '빈집'으로 해석한다. 그것이 바로 5연에 등장하는 "우뚝 솟은 집 집 집/ 관심 없는 사람 사람 사람"과 "나도 빈집,/ 심판 없는 지구도 곧 빈집이 될 것이다"라는 진술이 함축하는 것이다.

여기에서 '빈집'과 '사람'은 가치의 맥락에서 이해된 것이다. 그러한 가치 평가는 "나도 빈집"이라는 고백처럼 시인 또한 예외가 아니다. 현대문명을 바라보는 시인의 시선은 지극히 묵시(apocalypsis)적이다. 그것은 시인이 현대를 '문명'이 아니라 "살아 있는 것들", 즉 생명의 관점에서 이해하기 때문이다. 이런 감각으로 보면 현대사회 자체가 거대한 공동, 즉 '빈집'일 수밖에 없다.

4.

사족 하나. 현대사회를 생명이 살지 않는 거대한 '빈집'으로 형상화하는 서연우의 시는 묵시록적 비전이 그러하듯이 기술문명에 대해 부정적이다. 하지만 기술과 문명을 비판적으로 바라보는 시선이 이미 충분히 많다. 그런 까닭에 서연우 시의 특이성을 현대성에 대한 부정적 시선으로 환원하는 것은 그녀의 시세계를 지나치게 단순화하는 독법이다. 이 지점에서 우리는 그녀의 시가 상당히 많은 시편들에서 '인간'을 주체로 설정하지 않고 있다는 점, 특히 '사물'과 '대상'에게 목소리를 부여하려고 노력하고 있다는 사실에 주목해야 한다. 일찍이 하이데거가 지적했듯이 현대적인 문명의 문제는 그것이 인간(주체)과 사물(대상)을 이분법적으로 분리한다는 것, 그리고 인간에 의한 사물의 지배를 정당화한다는 보다 근

본적인 점에서 논의되어야 한다. 목소리를 갖고 있지 않은/못한 사물-대상에게 지속적으로 목소리를 제공하려는, 뒤집어 말하면 인간-시인의 목소리를 침묵케함으로써 사물이 우리에게 들려주는 이야기에 귀를 기울이려는 태도야말로 서연우의 시가 지향하는 바가 아닐까. 그런 점에서 아래에 인용하는 '세잔의 사과'에 관한 이야기는 서연우의 시론으로 읽어도 좋을 듯하다.

> 그의 존재를 맛깔스러운
> 음식이라는 대상에 가두지 않기 위해 나는,
>
> 그에게 얼마만큼 다가서며 다가서지 않으며
> 복잡하고 미묘한 심리의
> 화폭을 내레이션 할 수 있을까
> 그가 있는 정물화를 통해
> 나는 다층적 시간과 공간을 누빈다
>
> 안과 밖이 융기와 침몰을 거듭하는 그의 허공
> 나는 유폐된 현실과 충돌하는 혼돈의 길을 낸다
> 그의 실제인 명암과 색채를
> 포기하고, 지긋한 바라봄의 시간과
> 긴장된 완벽한 형태의 펼쳐짐, 그리고 응집, 그것으로 나는

아직 전통적이기만 한 파리를 휘몰아쳐야 한다

수없이 껍질을 깎는 주관적이라는 시각 속에서 나는
존재의 소멸을 견디는 갈망과 내통한다

나에게 그는
유혹하는 표면과는 비각된 시간의 독백,
근원으로 돌아가려는 내면에 야생의 언덕을 세우는 부동의 육체,
다른 시선이 일방적으로 규정한 나라는 존재와
나의 시선에 투사된 그라는 존재의
폭풍과 고요가 공존하는 내가 판단하는 내 모습, 사람이 어려운
있는 그대로를 바라보는 나의 눈빛과 그는
완벽한 소용돌이다 세상을 움직이며
움직이지 않는, 백지의 공중이 소리 없이 먹어치우는 사과
　　　　　　　　　　　　　　－「세잔의 사과」 전문

| 서연우 |

1968년 경상남도 창원에서 출생했다. 2004년 창신대학교 미술디자인학과를
졸업하였으며, 2013년 한국방송통신대학교 문화교양학과를 졸업했다.
2012년『시사사』에「하늘은 도대체 몇 개의 물뿌리개를 가지고 있는 것인가」외
2편으로 등단했다. 2017년 경남문화예술진흥원 문화예술지원금을 받았다.〈思月〉
동인으로 활동 중이다.

이메일 : seosd0301@hanmail.net

라그랑주 포인트 ⓒ 서연우 2017

초판 인쇄 · 2017년 12월 20일
초판 발행 · 2017년 12월 28일

지은이 · 서연우
펴낸이 · 이선희
펴낸곳 · 한국문연

서울 서대문구 증가로 31길 39, 202호
출판등록 1988년 3월 3일 제3-188호
대표전화 302-2717 | 팩스 · 6442-6053
디지털 현대시 www.koreapoem.co.kr
이메일 koreapoem@hanmail.net

ISBN 978-89-6104-197-3 03810

값 9,000원

* 잘못된 책은 바꾸어 드립니다.

* 이 책은 경남문화예술진흥원의 문화예술지원을 보조 받아 발간되었습니다.

이 도서의 국립중앙도서관 출판시도서목록(CIP)은 서지정보유통지원시스템 홈페이지(http://seoji.nl.go.kr)
와 국가자료공동목록시스템(http://www.nl.go.kr/kolisnet)에서 이용하실 수 있습니다.
(CIP제어번호: CIP2017034321)